逐梦湾区

港澳青年在深圳

深圳博物馆 编

文物出版社

策展团队

· ·

项目主持：蔡惠尧

学术指导：付　莹　崔孝松

策展人：崔　波　温鹿鸣

设计主创：周　欣

展品征集：崔　波　温鹿鸣　于　璟　颜雨婷　林易蓉　周　凌
　　　　　黄俊怿　李月园　李子君　谢书凌

陈列布展：周雄伟　冯艳平　古伟森

行政支持：乔文杰　刘剑波　闫　明　彭菲菲　杨志民　宋王辉

展品保护：岳婧津　邓承璐

数据信息：海　鸥　牛　飞

宣传推广：黄宗晞　吕宇威

社会教育：梁　政　胡秀娟

安全保卫：肖金华　陈顺明

图录编辑委员会

· ·

主　任：蔡惠尧

主　编：崔　波

副主编：温鹿鸣

编　委：崔孝松　周雄伟

文字撰写与校对：崔　波　温鹿鸣

目 录
CONTENTS

风从海上来，潮涌大湾区。

建设粤港澳大湾区，既是新时代推动形成全面开放新格局的新尝试，也是推动"一国两制"事业发展的新实践。深圳作为大湾区建设的核心引擎，吸引了越来越多的港澳青年来到深圳追梦、筑梦、圆梦。

展览以港澳青年融入国家发展大局，投身大湾区建设为叙述视角，讲述他们从抓住机遇奋斗追梦"走了过来"到"住了下来""留了下来"融入深圳的发展经历和实现个人价值的拼搏故事。

展览深情表达了内地与港澳血浓于水的同胞深情，激发了人们对实现个人价值与投身国家发展关系的理性思考。

第一部分 ‹‹‹
湾区召唤
心向往之

　　青年是国家的未来、民族的希望。粤港澳大湾区建设的历史性机遇，为港澳青年拓宽视野，融入国家发展大局提供良好机会。深圳等内地城市向港澳青年敞开温暖的怀抱。港澳青年纷纷前来，站上施展才华的新舞台，奉献青春、贡献力量。

2017 年 7 月，《深化粤港澳合作推进大湾区建设框架协议》签署，粤港澳大湾区建设正式启动。2019 年 2 月，中共中央、国务院印发《粤港澳大湾区发展规划纲要》，对大湾区战略定位、发展目标、空间布局等做了全面规划。

◀《画说湾区新盛世》（中国画）

2022 年

作者：许竟鸿

粤港澳大湾区拥有一批在全国乃至全球具有重要影响力的高校、科研院所、高新技术企业和国家大科学工程，创新生态要素集聚。

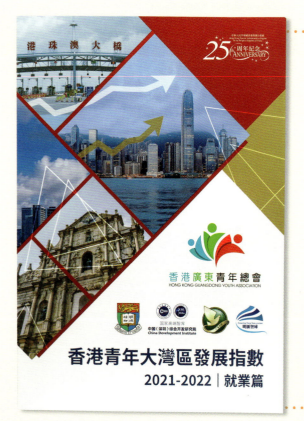

2021 年 12 月—2022 年 1 月，香港广东青年总会联合香港大学、中国（深圳）综合开发研究院等，开展了《香港青年大湾区发展指数 2021-2022 就业篇》的调查，结果显示，深圳对于香港青年的吸引力最大。

便利港澳居民到大湾区发展16项政策措施

便利香港居民在大湾区内地城市购买房屋

支持香港居民在内地便捷使用移动电子支付

在大湾区试点推出香港居民异地见证开立内地个人银行结算账户

保障在粤工作的港澳居民子女与内地居民子女同等享受教育

探索建立跨境理财通机制

为非中国籍香港永久性居民往来粤港澳大湾区内地城市提供便利

容许在大湾区内地城市的指定港资医疗机构使用已在香港注册的药物和常用的医疗仪器

香港与内地律师事务所合伙联营措施、法律顾问措施、特设考核措施

进一步扩大建筑业专业人士资格互认范围

扩大港澳建筑业专业人士在内地执业优惠政策实施范围

给予保险监管优待政策

取消香港服务提供者在内地设立保险公估机构年期限制

支持港澳债券市场发展（巨灾债券）

支持深港科技创新合作区建设

对进境动物源性生物材料实行通关便利

放宽内地人类遗传资源过境港澳的限制

2019 年 11 月，粤港澳大湾区建设领导小组会议就推进粤港澳大湾区建设公布 16 项政策措施，便利港澳居民到大湾区发展、就业和居住，促进人流、物流等便捷流通。

广东出台多项政策鼓励支持港澳青年到大湾区创新创业发展。截至 2022 年，有 20 多万港澳居民在粤工作，超过 29 万人次在粤参加社会保险。图为前海 e 站通机场服务中心。

深圳全力推进大湾区建设，增强核心引擎功能，布局前海深港现代服务业合作区、河套深港科技创新合作区等重大战略平台建设，作为推进大湾区国际科技创新中心建设的主阵地。图为前海深港青年梦工场的香港创业团队。

河套深港科技创新合作区是大湾区唯一以科技创新为主题的特色平台，初步形成世界 500 强研发中心、国家重大科研平台、香港高校科研、关键核心技术、深港"独角兽"企业、港澳青年创新创业平台等"六大科创产业集群"。 图为 2022 年 6 月，香港城市大学深圳福田研究院科研人员进行高时空分辨率电子显微镜光学部件讨论。

以深港口岸与邻近区域、过境地块为核心，协同建设集科技创新、高端制造、文旅消费、医疗教育等于一体的深港口岸经济带。图为 2023 年 2 月，香港骑行爱好者从首个可以骑车通关的口岸——莲塘／香园围口岸入境深圳。

深圳加快构建具有国际影响力的协同创新共同体，建设大湾区综合性国家科学中心先行启动区，在生命科学与技术、材料科学与技术等重点科学领域协同港澳发起科技合作计划。图为深港脑科学创新研究院科研人员在进行实验。

深圳联手港澳科创力量开展产学研合作，与港澳高校深化科研成果转化合作，促进教育、科研资源面向港澳开放。图为 2022 年 11 月，全国首个深港博士后联合培养项目签约仪式。

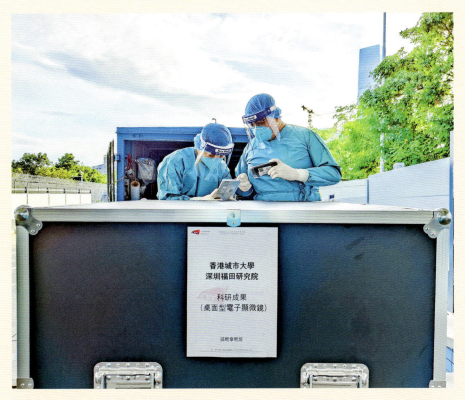

深圳推进科技创新要素跨境便捷高效流动和规则衔接，科研用品跨境使用进出口手续进一步简化。图为 2022 年 10 月，河套深港科技创新合作区科研成果经福田保税区一号通道顺利出境。

高时空分辨率紧凑型透射扫描一体化电子显微镜由香港城市大学深圳福田研究院自主研发制造，是我国首台自有知识产权的高时空分辨率电子显微镜，也是河套深港科技创新合作区产出的首项赴港科研成果。

深圳实行更加开放便利的境外人才引进制度，多措并举支持港澳青年在深就业创业，完善港澳专业人才在深圳职称评审机制，支持将部分公务员和事业单位职位招录港澳青年。图为2022年10月，"澳青敢闯　湾区来创"政策宣讲讲座在澳门大学举行。

《关于进一步便利港澳居民在深发展的若干措施》

🔲 在深学习

进一步支持港澳青少年来深交流

进一步为港澳籍学生接受义务教育提供便利

进一步加强高校港澳籍学生奖助学金支持力度

进一步促进深港澳职业教育合作

扩大深港澳教育交流与合作

进一步支持港澳机构来深办学

🛒 在深生活

进一步落实港澳居民居住证政策

进一步完善来深发展的港澳人才住房保障政策

为来深的港澳居民提供公共交通优惠

进一步推进深港澳社会保障合作

打造港澳居民在深发展的综合服务平台

💼 在深就业

进一步支持港澳学生来深实习见习就业

进一步扩大港澳专业资质认定范围

进一步优化港澳人才政策

🖥 在深创业

将创业补贴政策覆盖到在深港澳青年

进一步支持港澳青年参加创新创业活动

高质量建设港澳青年创新创业基地

设立港澳青年在深创业引导基金

2021 年 3 月，深圳发布《关于进一步便利港澳居民在深发展的若干措施》，包含港澳居民在深学习、就业、生活、创业 4 个方面 18 条便利措施。

香港特别行政区政府2022年有关青年发展的政策

🎓 教育方面

2022-2023学年起提高内地大学升学资助计划资助额，进一步支持本港学生到内地升读大学。

💼 就业方面

创科实习计划。容许计划下的本地大学安排在其大湾区分校修读 STEM 相关课程的本科生和研究生参与"创科实习计划"。

大湾区青年航空业实习计划。香港国际航空学院将与相关内地院校于2023年上半年推出"大湾区青年航空业实习计划"，培训更多青年人。

大湾区青年就业计划。于2023年上半年推出恒常化的大湾区青年就业计划。

成立大湾区香港青年创新创业基地联盟，邀请粤港两地机构，包括创业中心、大学、非政府机构、科研单位、专业团体、创投基金等加入联盟，建立一站式信息、宣传及交流平台，支持在大湾区创业的香港青年。

💬 交流方面

拓展姊妹学校计划。扩阔香港和内地学校交流，目标在2023年年底前，增加10%公帑资助学校与内地缔结姊妹学校的数目。

增加内地考察机会。恢复与内地通关后，为学生提供更多参与内地考察的机会。

2022 年 10 月，香港特别行政区政府发布 2022 年施政报告，在教育、就业、交流等方面出台支持香港青少年到大湾区发展相关措施。

深港澳在创意设计、数字出版等新业态开展文化创意产业合作，推动博物馆、图书馆、美术馆等专业文化机构共同举办文化交流活动，促进文化旅游融合发展。

首届大湾区
文化艺术节
深圳分会场

香港青年参观"大潮起珠江——广东改革开放40周年"展览

深圳文艺精品《湾区儿女》讲述一群年轻人根植粤港澳大湾区，与城市共同发展，实现自我成长的励志故事，获得第十六届精神文明建设"五个一工程"优秀作品奖。

深港澳组织各领域青年广泛交往、全面交流、深度交融。图为 2022 年 8 月，深港研学团参观港澳人士服务专窗。

国情深睇验

港澳青少年深圳研学 **5S** 精品路线

5S

01 Source
意为来源、发源地，对应深港同根同源的概念，以考察学习深港同源的历史传统、文化传承、民俗风情等为主，包括乡情基地、古遗址科、非遗文化场所、近现代革命文化遗产，以及反映改革开放以来深圳特区精神和城市品质的场所。

02 Science
意为科学，对应科创之都概念，以考察和体验深圳创新科技发展成果为主，包括较有代表性的高新科技企业、科普基地、青年创新创业基地等。

03 Scenery
意为风景、景色，对应生态之城概念，以考察和体验深圳生态文明建设成果为主，包括山海自然景观、生态保育项目、低碳环保示范项目等。

04 Socioculture
意为社会文化，对应活力之城概念，以考察体验深圳充满活力魅力的都市风情和社会生活为主，包括创意文化场所、康体场所、政务服务平台、民生福利等。

05 Shenzhen-style
意为时品、深圳，对应深圳原创文化概念，包括原创"识品""新国潮"生产、消费知展示基地、老字号品牌企业、"圳风"时尚文化聚落场所、网红打卡点等。

国情研学**5S**精品路线主题

"国情深睇验"港澳青少年国情研学精品路线设置 5 个主题 12 条路线，由遍布深圳各区的 160 个研学体验点串联组成。

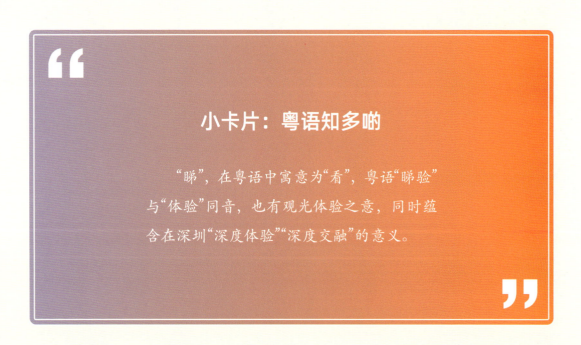

小卡片：粤语知多啲

"睇"，在粤语中寓意为"看"，粤语"睇验"
与"体验"同音，也有观光体验之意，同时蕴
含在深圳"深度体验""深度交融"的意义。

深圳在基础教育、"姊妹学校"等方面与港澳建立交流合作平台与机制,支持各级学校与香港、澳门青少年文化机构开展合作。图为 2021 年 11 月,香港扶幼会则仁中心学校和深圳光祖中学进行深港姊妹学校"手牵手、向前走"爱国主义课线上交流活动。

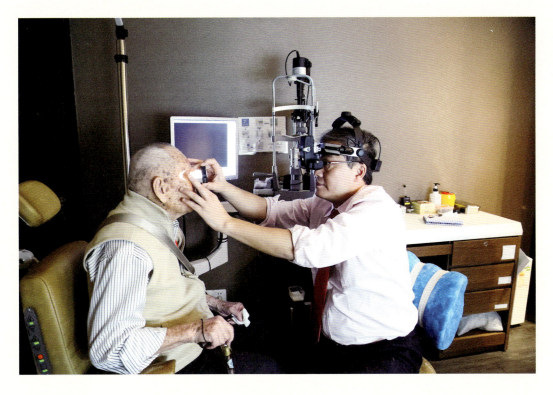

深港澳密切医疗合作,加强医疗卫生人才联合培养和交流,鼓励和支持港澳医疗服务提供主体和医疗人才来深办医行医。图为港资独资医院——深圳希玛林顺潮眼科医院医生为患者检查眼睛。

第二部分 <<<
不负韶华
拥抱梦想

　　人才是第一资源，创新是第一动力。港澳青年搭上湾区融合发展的高速列车，心怀狮子山下的拼搏精神、濠江之畔的创业理想，来到深圳这片创新的摇篮和热土，一个个梦想在这里孕育发芽、开花结果。

一、筑梦深圳　创新创业

　　深圳支持港澳青年发展，举办创新创业赛事，建设"双创"基地，完善生活配套服务，为港澳青年提供施展才能和弯道超车的新机会。

深圳推出各项政策支持港澳青年创新创业，引入港澳专业孵化机构、社会团体、专业人士加入运营管理团队，打造港澳特色服务。图为龙华区政务服务送上门——港澳企业"零跑腿"营商服务。

深圳举办各类深港澳青年创新创业活动，将创业补贴政策覆盖到在深的港澳青年。图为 2022 年前海粤港澳台青年创新创业大赛启动仪式。

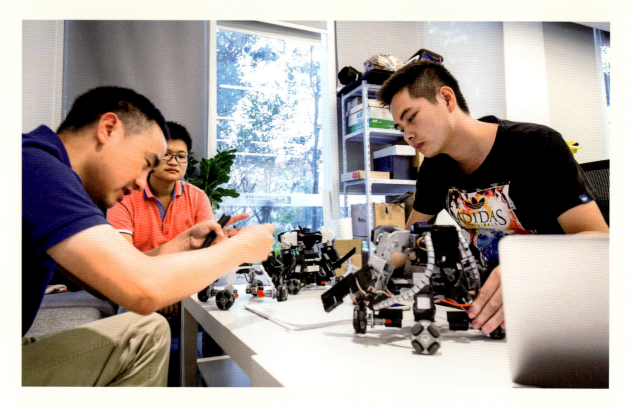

深圳依托双创示范基地、众创空间、创业孵化基地等孵化载体，高质量建设"1+10+N"港澳青年创新创业基地体系。图为前海深港青年梦工场机器人研发团队。

粤港澳青年创新创业工场（福田）入驻的创业团队中港澳背景团队比例超过90%，涉及人工智能、物联网、医疗科技、新材料等领域。图为工作人员为入驻的团队介绍创业政策。

《深圳北站港澳青年创新创业中心扶持措施》

创业就业支持计划

入驻中心的香港、澳门地区世界500强大学毕业的港澳青年，根据学历学位情况一次性发放3-8万元就业补贴。

职业培育支持计划

鼓励入驻中心的世界五百强大学港澳青年参与在职学历晋升，给予学费50%的赞助，最高资助5万元。

个税补贴计划

符合境外高端人才和紧缺人才认定条件的港澳青年，按内地与香港个人所得税负差额给予补贴，补贴免微个人所得税。（根据市相关规定执行）

青年专才奖励计划

对取得香港或澳门执业资格证书的港澳青年，与入驻企业签订3年及以上劳动合同且连续缴纳社保12个月及以上，给予港澳青年专才奖励5万元。

生活补助计划

入驻中心的与企业签订3年及以上劳动合同且连续缴纳社保12个月及以上的港澳青年，每年符合条件时发放生活津贴，分3年等额共发放15-20万生活津贴。

创新资助计划

与入驻企业签订3年及以上劳动合同且连续缴纳社保3个月及以上且获得龙华区及以上级别科技创新领域奖项的主要完成人，中国专利发明人或设计人，担任龙华区及上级别重大科技、工程等项目的负责人的港澳青年，给予每人最低5万元至最高50万元创新资助。

深圳北站港澳青年创新创业中心是深圳唯一入驻前两年全免办公场地租金的孵化中心，为港澳青年提供创新创业、生活补助、职业培育等支持。

深圳北站港澳青年创新创业中心宣传册、入驻创业团队研发的宝宝看护智能摄像头、使用环保再生纱制成的香港美食系列钥匙扣香囊、非遗手工艺术纤维画、文创产品"雪天使"米奇。

梦想从这里起飞

　　我来前海已经快 6 年了，这里每天都在发生新的变化。许多政策是为港澳青年量身定做的，从创业帮扶政策到法务、税务等讲座辅导，一系列政策支持让更多创业青年的梦想从这里起飞。

——郭玮强　前海随身宝（深圳）科技有限公司创始人

　　毕业于香港科技大学的郭玮强，曾获得多个创业比赛大奖。2016 年，其"随身宝"智能行李箱项目引进到前海落地后得到快速发展。2019 年，公司被认定为国家高新技术企业。2020 年，公司成为深港澳科创百强企业。图为郭玮强在指导创业团队。

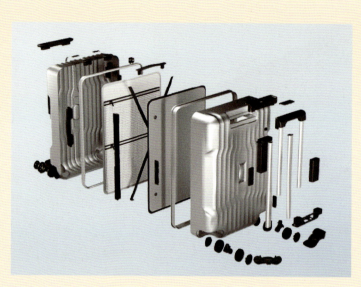

郭玮强和团队研发的"随身宝"直立开箱智能行李箱，
具备托运定位、充电称重、指纹解锁等功能。

▲ 郭玮强获得的 2021 年深圳青年五四奖章。

郭玮强获得的 2016 年挑战杯香港大学生创
新及创业大赛全国赛香港区选拔赛创业项
目一等奖证书和奖杯。 ▶

前海给予我们很多帮助

刚过来创业的时候，我对于内地注册公司的流程、规定、法律等方面都不太熟悉，而前海给予我们很多帮助，提供了全方位的服务。

——郑思怡 前海深港梦工场全国巾帼创业创新基地负责人

香港青年郑思怡拥有多重身份，十年创业道路上她曾多次经历挫折，甚至接近破产。来到前海之后，她发现科技、产业、孵化、创投等专业资源汇聚，市场广阔、机会丰富，让她重新充满了干劲。图为郑思怡（前排中）与港籍员工讨论工作。

2022 年，香港艺术家邓卓越来到前海创业，在她看来，内地的机会比国外更多。"以前有些客户是深圳的，我知道这里会有助于我发展事业，因为这座城市离工厂近，也有很多设计人才。"图为邓卓越在创作。

邓卓越以传统中国年画等为元素，运用现代简约图形将 56 个民族设计成可爱的卡通人物。这是她设计创作的
A Shoppin' Baby 光栅画和系列抱枕。

2019 年，从律师转型为自主品牌时装设计师的方丽华入驻前海深港青年梦工场，前海的创业扶持政策让她"来了就不想走了"。图为方丽华在 2022 年深圳时装周。

方丽华的时装设计手稿。

方丽华设计的时装小样。

前海深港青年梦工场孵化的港籍创业团队研发的液体光生物安全灯泡、智能护眼灯等，通过自主研发的液体滤光技术，能够过滤对人体有害光线，具有耐高温抗极寒、抗摔防爆、防潮防水等特点。

河套深港科技创新合作区深圳园区率先出台科研管理体制创新"政策包"，鼓励高校、科研院所、科研团队、研发型企业独立或联合竞聘揭榜。图为深港澳三地青年参观合作区内的国际量子研究院。

河套深港科技创新合作区已建成香港科技大学蓝海湾孵化港等 6 个面向港澳青年的创新创业基地，具有港澳背景的创新创业团队超过 560 人。图为香港高校在深圳第一家独立自主运营的孵化器——香港科技大学蓝海湾孵化港天际展厅。

香港科技大学百万奖金国际创业大赛（深圳）已连续举办多届，成为由高校主导、深港头部科创机构协作，共同培养大湾区未来科创"独角兽"的品牌赛事。图为 2022 香港科技大学百万奖金国际创业大赛（深圳）决赛现场。

香港科技大学深港协同创新研究院光电显示专业博士团队研发的全球首款支持蓝光 3D 高清头戴式智能眼镜。

香港科技大学深港协同创新研究院研发的风筝二代辅听耳机，可模拟正常大脑对声音的处理方式，实现更好的辅听效果。

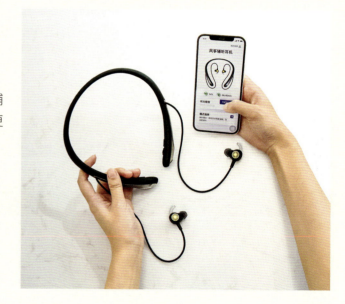

香港理工大学、香港浸会大学联合研发的健康智能手表，将无创血糖检测技术与穿戴式智能手表相结合，可以连续监测用户血糖指数，并在指数过高和过低时发出预警。

闯出一片新天地

　　从深圳向北看，我看清了中国特色社会主义的优势、国家对香港的照顾；向南看，我对"一国两制"的伟大实践有了更深刻的理解。我们青年要牢记总书记嘱托，不负时代，努力在粤港澳大湾区建设大潮中闯出一片新天地。

——陈升 UNI 香港青年创业空间创始人

　　"这里是十分合适香港青年梦想落地发芽的地方"，2014 年就来到深圳的陈升已从"探路者"变为"引路人"，参与了 6 个深港创业基地建设，服务超过 300 名香港青年来深创业。图为陈升向进驻的团队负责人了解创业需求。

陈升的深圳首届五四青年证书和奖章、前海深港现代服务业合作区管理局深港青年事务咨询委员会委员聘书、
粤港澳大湾区青年人才国情研修班出席证等。

> ## 大湾区制造业的升级，为我们带来更多机会
>
> 大湾区的发展吸引了各地的人才，湾区制造业的升级，也为我们带来更多机会。
>
> ——丁克 深圳显扬科技有限公司创始人

2018 年，丁克团队入驻粤港澳青年创新创业工场，以深圳为总部研发中心，佛山、东莞等地为组装应用中心，并依托香港高校资源进行基础科学研究和前端研发，发挥了大湾区产研互补的优势。图为丁克（中）与团队在分析技术问题。

丁克团队自主研发的智能人型双臂机器人的高速高清三维视觉设备。

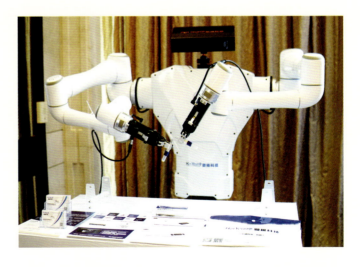

丁克团队自主研发的智能人型双臂机器人，配备高速高清三维机器视觉系统、智能工业机器人系统、灵巧的双臂与自适应手指系统，能够模拟人类大多数行为动作，实现快捷的人机交互。

二、就业新机遇　人生新未来

　　深圳推出多项举措服务港澳青年，多渠道为港澳青年尤其是应届毕业生提供就业机会。新的实习平台，丰富了港澳青年实践形式；新的就业渠道，搭建起港澳人才供需平台。形式多样的就业机会，让港澳青年搭上了湾区建设的顺风车。

> **搭上大湾区加速融合的顺风车**
>
> 　　在深圳大学毕业的时候，我就很想在深圳从事教育工作，可是当年由于我的居住证号码和内地的身份证格式不一样，系统无法识别。后来政策变化，我终于在深圳当上了一名人民教师。非常幸运，搭上了粤港澳大湾区加速融合的顺风车。
>
> ——吴嘉怡　龙田小学教师

2020年7月，深圳在事业单位招考中首次对港澳籍考生开放考试资格，与内地考生"同台竞技"。图为广东首批、深圳首位被聘用的港籍老师吴嘉怡（中）与学生们在课堂上。

吴嘉怡在日常语文教学中注重对学生进行中国传统文化的熏陶。这是她在中华文化小课堂中使用的脸谱教具。

> ❝
>
> ## 打开了一扇前所未有的窗
>
> 大湾区为有志于在内地公共部门就业的港澳青年打开了一扇前所未有的窗。
>
> ——吴慧仪 罗湖区科技创新局公务员
>
> ❞

2020 年 12 月，深圳在服务"双区"建设专项招录公务员考试中首次设置 5 个定向港澳选拔职位，吸引了 446 名港澳籍人士报名，最终招录了 10 名港澳籍公务员。图为澳门籍公务员吴慧仪（左一）在"深港融合·筑梦湾区"宣讲活动现场。

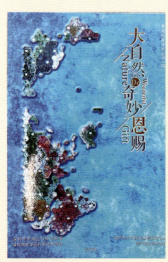

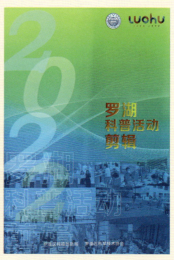

吴慧仪参与编写的科普活动小册子。

毕业于暨南大学金融专业的港籍学生黄科毅，入职福田区福保街道办事处后，他谨遵在香港的爷爷奶奶的叮嘱，以为国为民的心态去建设祖国。图为黄科毅在社区服务长者。

深圳支持鼓励本土企业接收港澳籍学生来深实习见习就业，对符合条件的港澳籍学生及接收企业，按照有关政策予以补贴。图为港澳籍大学生暑假在深圳市供电局实习。

前海推出"导师天团""名校训练营"等系列品牌，在港澳高校、网络平台进行"云招聘"，提升港澳青年在内地就业市场竞争力。图为2022年前海港澳青年职业能力提升训练营。

港澳学生通过前海港澳青年招聘计划，每年暑期到前海企业参加为期不少于4周的实习，可获得最长45天的免费住宿。自2014年以来已有2万多名港澳实习学生参与。图为港澳青年在前海港澳青年职业能力提升训练营交流学习。

前海深港青年梦工场港澳孵化载体管理人员及创业导师训练营结业证书、粤港澳人才合伙人导师聘书。

三、规则衔接 执业便利

深圳打通国际职业资格和专业技术资格衔接通道，破除人才流通壁垒，构建便利化境外专业人才执业制度，港澳专业人士在深圳执业范围更广阔、流程更顺畅。

序号	境外职业资格证书名称	国家（地区）	领域	对应国家职业资格证书名称
1	香港税务师	香港	税务	税务师
2	澳门会计师	澳门	税务	税务师
3	注册建筑师	香港	建筑	注册建筑师 监理工程师
4	注册专业工程师（结构）	香港	建筑	注册结构工程师 监理工程师
5	注册专业工程师（岩土）	香港	建筑	注册土木工程师
6	注册专业工程师（土木）	香港	建筑	注册土木工程师 监理工程师
7	注册专业工程师（电机）	香港	建筑	注册电气工程师
8	注册专业工程师（屋宇设备）	香港	建筑	注册公用设备工程师
9	注册专业测量师（工料测量组）	香港	建筑	造价工程师
10	注册专业测量师（建筑测量组）	香港	建筑	监理工程师
11	注册专业测量师（产业测量组）	香港	建筑	房地产估价师
12	注册承建商的获授权签署人	香港	建筑	建造师
13	注册专业规划师	香港	规划	注册城乡规划师
14	城市规划师	澳门	规划	注册城乡规划师
15	香港医师	香港	医疗	医师
16	澳门医师	澳门	医疗	医师
17	外国医师	外国	医疗	医师
18	高级船员	外国（与我国签署船员证书互认协议国家）	海事	船员资格
19	香港导游或领队	香港	文化旅游	导游
20	澳门导游	澳门	文化旅游	导游

深圳出台《深圳市境外职业资格便利执业认可清单》等措施，解决跨境执业准入难题，畅通国际人才在深发展路径。

深圳探索扩大与港澳专业服务领域资格互认范围，推动港澳专业人士跨境便利执业，允许取得涉税服务、工程建设等港澳相应资质的企业和专业人士为内地市场主体直接提供服务。图为税务局工作人员为港澳涉税专业人士提供办税服务。

2019 年，香港注册建筑师阮文韬在深圳成立元新建城（深圳）建筑师事务所，他及团队的建筑理念在深圳得到了尽情发挥。图为阮文韬（中）与团队在讨论建筑设计理念。

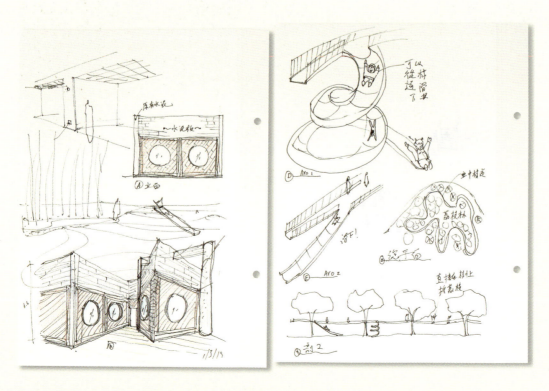

阮文韬团队设计的幼儿园建筑设计手稿。

打破两地执业资格认定壁垒

有了正高级职称，就打破了两地执业资格认定壁垒。我们香港医生在深圳执业更加便利了，发展空间更大了。

——樊敬文 香港大学深圳医院医生

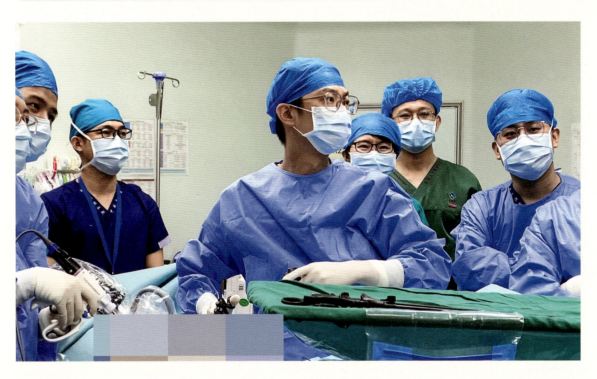

深圳探索建立与国际接轨的医学人才培养体系，2021 年 8 月首次为在深圳工作的 37 名港籍医生认定正高级职称。图为获得正高职称的香港大学深圳医院樊敬文（中）医生在进行手术。

樊敬文获得的主任医师职称证书、2021 年第二届深圳医师奖奖牌。

深圳成立港澳律师深圳执业服务中心，为有意愿到深执业的港澳律师提供咨询和指引，建立指导律师制度与沟通协调机制，处理港澳律师执业中遇到的困难和问题。图为 2021 年 8 月，首批 21 名在深执业的律师获颁执业证。

> ### 构建起彼此沟通的桥梁
>
> 希望能够发挥澳门律师的优势，多参与内地企业与葡语国家经贸方面的法律工作，帮助内地企业走出去，或者帮助葡语国家的企业与国内经济市场对接，构建起彼此沟通的桥梁。
>
> ——李金月 德和衡（前海）联营律师事务所律师

德和衡（前海）联营
律师事务所
DKL QIANHAI LAW FIRM

前海深港国际法务区已进驻法律服务、司法、仲裁、调解等 6 大类超过 120 家机构。2020 年来到前海执业的李金月，成为了深圳第一批获准在粤港澳大湾区内地九市执业的澳门籍律师。图为李金月拿到了粤港澳大湾区律师执业证。

李金月的粤港澳大湾区律师执业证。

第三部分

"青"爱港湾
共同家园

大湾区基础设施"硬联通"日趋完善。港澳青年"双城"来往更加方便快捷。深圳在居住、就医、社保、教育等方面系列便利措施的出台，更让港澳同胞同享市民待遇。港澳青年纷纷扎根深圳，共享发展机遇和成果，共创祖国美好未来。

一、往来三地　时空无距

三城融合，交通先行。深港澳之间便利的跨境通关、无缝衔接的综合交通网络让港澳青年在深圳的双城跨境生活更加方便快捷。

> ## "
>
> ## 在大湾区中不同城市间穿梭
>
> 上午在深圳开会，然后去东莞工厂，下午到广州见客户，晚上回到香港参加晚宴。我现在一天可以跑3至4个城市。粤港澳大湾区内城市便捷的交通，让我在大湾区中不同城市间穿梭，工作和生活十分方便。
>
> ——马楚力　力嘉国际集团副总经理
>
> "

> ## "
>
> ## 得益于道通路通，思乡情绪并不浓
>
> 得益于粤港澳大湾区道通路通，自己的思乡情绪并不浓。就像自己作为澳门人不会特别想去大三巴牌坊一样，作为生活在深圳的澳门人也不会特别想念澳门，因为太近了，什么时候要回去都可以。
>
> ——陈蔚风　深圳大学讲师
>
> "

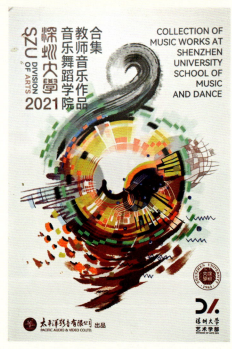

陈蔚风参与录制的2021年深圳大学音乐舞蹈学院教师音乐作品合集

《碧海通途》（中国画）
2022 年
作者：吴晓平

《港澳相依——紫荆花开》（中国画）
2022 年
作者：胡朗云

> ## 见证罗湖桥的变迁
>
> 　　1981 年以前的罗湖桥，平均每天过境旅客仅 50 余人次。深港双方海关、证件查验不断简化手续，排队过关时间从以前几个小时，缩短到几分钟，"回乡卡"自助通关 8 秒，直至现在的"指模通关"5 秒钟。
>
> ——谢运明 原罗湖边检站边检民警

<table>
<tr><td>1</td><td>3</td></tr>
<tr><td>2</td><td>4</td></tr>
</table>

"口岸越来越先进，过河也越来越方便。"这是近年来深港澳同胞的共同感受。如今，深圳口岸有序布局，深港澳通关"全天候"无缝对接，就像邻居串门一样方便，这都为港澳青年通勤深圳提供了极大的便利，也反映出深港澳交流对接的强烈意愿。

改革开放前深圳仅有的两个陆路口岸之一——罗湖口岸

如今，深圳已拥有经国务院批准对外开放的一类口岸 16 个。图为 2020 年 8 月，莲塘口岸开通启用。

1950 年 1 月，拱北关正式命名为"中华人民共和国拱北海关"。直至 20 世纪 80 年代，它仍是澳门通往内地的唯一陆路通道。

蛇口口岸和深圳空港（机场）口岸是深圳与澳门相通的两个口岸。

通关查验不断优化，出入境效率更加便捷。

20 世纪 50 年代的罗湖桥，边检官兵在罗湖桥头检查旅客行李。

20 世纪 80 年代，出境旅客在罗湖桥上排队等待查验通关。

20 世纪 50 年代的珠海拱北海关检查站，人们正在排队等待查验通关。

20 世纪 80 年代，拱北海关验放旅客的时间从每人 20 分钟缩短至 7 分钟。

深圳和珠海边检实行集约化、电子化和智能化通关，使出入境效率不断加快。图为 2019 年的罗湖口岸。

港澳同胞在罗湖口岸申领"港澳同胞回乡介绍书"。

1956 年起，港澳同胞返回内地探亲访友，需要凭港澳当局签发的身份证件在入境时向边防检查站申领一次有效的入出境证件《港澳同胞回乡介绍书》。1979 年起，广东省公安厅将其改为三年内多次使用有效的《港澳同胞回乡证》。2005 年起，港澳居民可以通过自助查验系统快速入境，有效期延长至 5 年或 10 年。这是 1982 年的港澳同胞回乡证。

20 世纪 70 年代罗湖口岸明信片。

1	3
2	4

口岸交通的变化

20 世纪 50 年代入境深圳后交通设施较落后，出行主要依靠单车、公交车和火车。入境客流量大的时候，深圳火车站运输行李的专用通道常常被旅客占用。

20 世纪 80 年代末的罗湖口岸可见出租车、大巴和私家车。

20 世纪 50 年代拱北海关的关闸门，入境珠海后是黄土路，通往深圳的交通也还非常不便利。

20 世纪 70 年代拱北口岸车水马龙。

1 | 3
2 | 4

今日无缝衔接的综合交通网络

2016 年 11 月，蛇口邮轮母港正式开港。2018 年 4 月，蛇口邮轮母港试行港澳不间断通关。

2018 年 9 月，广深港高铁香港段正式开通运营，深圳与香港两地高铁实现互联互通。

2019 年 6 月，中国粤港跨境直升机航线首航，深圳与港澳的交通形成陆、海、空网络。

2019 年 12 月，深圳通"一码通深港"出行服务正式上线，深港实现了城市之间、市内组团和深入社区的交通联运。

粤港跨境直升机保障对外经济、人员、物资的快速高效流动，拉近深港两地之间的距离，满足深港市民便捷出行的需要，在航空应急救援方面也发挥着重要作用。这是粤港跨境直升机模型。

二、港澳新街坊　深圳一家人

随着越来越多的港澳"街坊"在深圳安家，深圳不断推进与香港、澳门的民生融通，赋能高品质生活，建设共同家园；港澳青年在深圳工作生活的后顾之忧不断被化解，享有的"市民待遇"越来越完善，生活配套服务日渐丰富，公共服务便利化也不断提升。

一颗最好的"定心丸"

把家安在前海，子女入学、申请学校已得到妥善安排。这些便利政策，是一颗最好的"定心丸"，解决了我的后顾之忧，现在就是扎根下去，专注发展好事业。

——余广滔　库基生物科技（深圳）有限公司创始人

深圳和香港的距离，也没有那么远了

虽然不在香港，但在这里读书，我觉得我们跟香港的距离变近了。无论是我们两地的距离，还是两地同学的关系，也都没有那么远了。

——江飞燕　深圳罗湖港人子弟学校港籍学生

港人子弟学校"两文三语""多元课程体系""升中双轨制""多元化师资"等特色让学校"港味"十足，为港澳籍家庭提供多元化的义务教育服务。图为内地第一所获得香港教育局官方派位的学校——深圳罗湖港人子弟学校外籍老师在上课。

◀《圆梦大湾》（中国画）
　2022 年
　作者：刘亚敏

> ## 港澳知多啲
>
> "两文三语"：书面语用中文、英文，口语用粤语、英语和普通话。
>
> "多元课程体系"：分别提供内地课程体系、港式课程体系和出国课程体系，学生可以自由选择。
>
> "升中双轨制"：港籍小学毕业生可以通过积分入读深圳初中，也可以回香港参与中学学位分配。
>
> "多元化师资"：教师团队由香港教师、内地教师和外籍教师组成。

深圳香港培侨书院龙华信义学校是国内第一所由香港教育机构直接实施教学管理的深港教育融合示范性学校。这是深圳香港培侨书院龙华信义学校学生创作的深港澳玻璃彩灯。

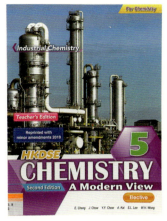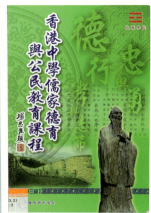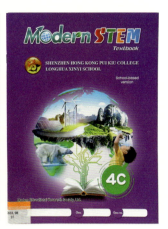

深圳香港培侨书院龙华信义学校港澳子弟班的课本教材与教学辅导类图书。

除了入读港人子弟学校外，港澳籍学生可以就读民办学校的"港澳子弟班"，也可以申请入读公立学校。深圳中学是深圳市首个在高中阶段设置港澳子弟班的公立学校，图为该校第一届港澳子弟班学生参加运动会。

港澳籍学生积极参与深圳组织的各类公益活动。志愿老师为他们提供假期作业辅导、体育锻炼、艺术学习及心理辅导等服务。图为港澳籍学生参加"我向大师学绘画——童筑大湾区"活动。

深港澳职业教育不断加强合作。深圳职业技术学院是内地第一家对港澳台单独招生的职业院校，与香港合作共建"粤港澳大湾区特色职业教育园区"。图为该校毕业典礼。

2022年11月，罗湖跨境学童服务中心升级为深港家庭综合服务中心，是全国首家为跨境家庭、学童提供法律咨询、亲子教育、少儿培训等服务的公益机构。图为该中心设置的跨境考场。

2021年5月，首个深港跨境学童合唱团成立。这是他们的表演服。

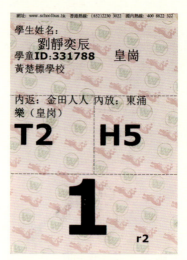

跨境学童身份证明牌、2014 年—2017 年跨境新力量计划《有礼人人赞礼仪游戏册》、2017 年《My Day My Life 赛马会跨境学童创和谐计划》宣传册、2018 年《跨境学童交通安排须知》

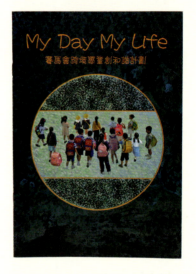

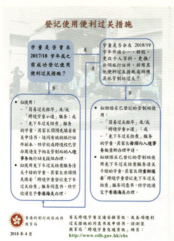

2020 年《香港教育工作者联会黄楚标学校学生手册》、2020 年《祖国在我心中——深圳市罗湖区跨境学童爱国爱港主题教育系列活动》宣传册

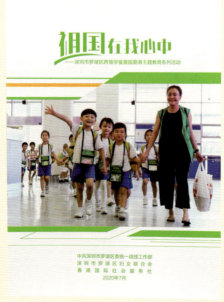

深圳成立的全国首个"跨境妈妈"妇联组织，让这些妈妈承担更多的社会服务角色，促进深港青少年和家庭交流、交融。图为该妇联组织举办的"容融乐园·桑葚丰收节"活动现场。

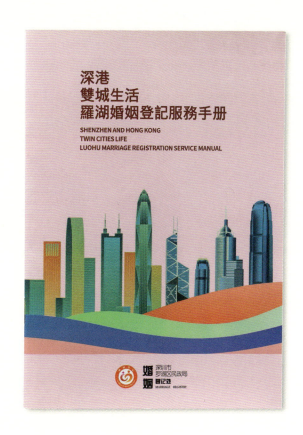

2022 年 11 月，港澳婚姻服务中心正式揭牌，提供便捷的深港澳婚姻登记服务。这是《深港双城生活罗湖婚姻登记服务手册》。

2022 年 7 月，全国首家实行第一审涉外涉港澳台家事案件集中管辖的审判中心——深圳涉外涉港澳台家事审判中心成立运行。图为该中心"和合在线调解室"。

前海法院诉讼服务中心开设了"涉外涉港澳台 / 大湾区诉讼服务专窗"，为港澳居民提供立案及咨询服务，并逐步在跨域立案、跨域文书送达、委托手续面签等与珠三角九市法院实现信息共享。

灣港社區共融協議書

為進一步推動粵港交流融合，整合兩地資源和網絡，充分發揮地理相連、文化相近的優勢，由香港廣東社團總會大灣區工作委員會聯同東華三院及粵港澳大灣區青年之家聯盟聯合發起《灣港社區共融計劃》，廣邀香港社區網絡團體與灣區各市的街道辦事處結盟，為基層人士、在校學生、青年社群提供文化創意、康樂體育、創新創業、實習就業的交流機會，擔當大灣區與香港（及澳門）的聯絡人角色，進一步促進粵港澳青年的交流，為香港社群認識大灣區真實情況提供可靠管道。

聯合發起單位：
香港廣東社團總會大灣區工作委員會
東華三院
粵港澳大灣區青年之家聯盟

內地結盟單位：
深圳市羅湖區南湖街道友誼社區居民委員會

香港結盟社區網絡：
黃大仙區康樂體育會
九龍城區康樂體育促進會

經協商，參與各方決定建立長期、穩定、有效的合作交流機制。具體事項如下：

一、高層會商機制
（a）各方領導層定期或不定期交流互訪，互通情況，總結經驗，商議年度重大工作事項。
（b）雙方領導層如有工作需要，可隨時溝通互訪。

二、工作協作機制
（a）各方加強在文化、科技、教育等方面的交流與合作，相互間給予必要的支持。
（b）可定期開展體育、文化交流活動，例如：體育項目友誼賽、業餘文藝交流等活動。

（c）不定期舉辦粵港兩地就業政策、創業機會等講座、交流活動，促進粵港青年「探路子」、「結對子」。

三、聯絡溝通機制
（a）香港廣東社團總會將於2020年2月在深圳市羅湖區開設香港廣東社團總會大灣區工作委員會灣港融合辦事處，負責聯絡和協調工作。
（b）日常工作聯繫可採取會議協商、文書往來、電話（郵件）聯絡等方式進行。
（c）可根據實際工作需要，隨時進行溝通、協商。

本協定為框架性協定，有關具體細則或事項，待各協議方商討並共識後可進一步簽訂補充協議。補充協定與本協定具同等效力。
本協議一式六份，各方各留存一份。

香港廣東社團總會大灣區工作委員會代表（簽署）
深圳市羅湖區南湖街道友誼社區居民委員會代表（簽署）
東華三院代表（簽署）
粵港澳大灣區青年之家聯盟代表（簽署）
黃大仙區康樂體育會代表（簽署）
九龍城區康樂體育促進會代表（簽署）

2019年12月15日

深圳在全省率先开展社区结对子共建，实施"湾港社区共融计划"。这是深圳与香港相关社区、社团签署的《湾港社区共融协议书》。

中意这里的港味

我在罗湖渔邨社区生活了11年，中意这里的港味。1公里之内，有7家茶餐厅，在这里，我能找到最熟悉的香港口味；1.3公里之外的罗湖口岸，与我在30多年前便结下缘分……

——王纪明　渔邨社区港逸志愿服务队队长

1 | 3
2 | 4

在港澳人士较为集中的区域，深圳打造深港澳深度交往的共同生活空间。社区服务中心为港澳居民提供政务、生活、文化交流、就业创业、爱心救助、社区治理等"一站式"的服务。

社区党群服务中心设立的港人服务专窗。

社区工作人员帮助港籍老人办理手机业务。

港澳居民参加社区活动。

《罗湖社区港籍居民政务服务明白卡》

《港籍长者服务明白卡》

《罗湖港人一本通——便利香港居民在罗湖发展服务指南》围绕就业创业、投资经营、居住生活等方面提供 14 条详细指引。

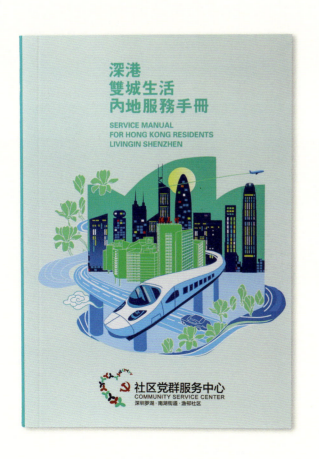

《深港双城生活内地服务手册》，收集整理了投资、就业、生活服务、政务办理、健康服务等 5 大类 22 项惠港政策，提供精准政策资讯服务。

2018 年《港澳台居民居住证申领发放办法》发布，规定港澳居民居住证号码编码原则与内地居民身份证一致。港澳居民享有市民待遇。图为港澳居民在深申办居住证。

港澳台居民居住证领取凭证

受理单位（盖章）：深圳市公安局福田分局　　　　受理号：4403040002018090170005

姓名	里泽礼	公民身份号码	
住址	广东省深圳市福田区侨香路金地香蜜山		
承办人	杜朝阳	联系电话	0755-84446510
受理时间	2018-09-01 15:36:17	领证时间	2018-09-29

第1页，共1页

港澳台居民居住证领取凭证。

只用手机扫二维码就能便捷支付，很是羡慕

2016 年刚来深圳的时候，去医院看病，预约、挂号、缴费经常要跑人工窗口，看到其他人不用排队，只用手机扫二维码就能便捷支付，很是羡慕。现在深圳灵活就业、生活的港澳人士也可以加入深圳社保，我在这座城市中感到多重保障的安全感。

——程荣　香港商人

港澳居民在深参加社保享有"市民待遇"，"湾区社保服务通"为港澳居民提供社保高频业务"跨境办""5G视频联办"等优质便捷高效的服务；在线上渠道可以实现社保业务 100%"网办"。图为社保"5G 视频办"业务。

港澳居民在深圳可以通过"深港澳办税易"项目，获得"远程办""辅助办""邮寄办"等互通便利的税务服务。图为"深港澳办税易"项目进驻前海e站通。

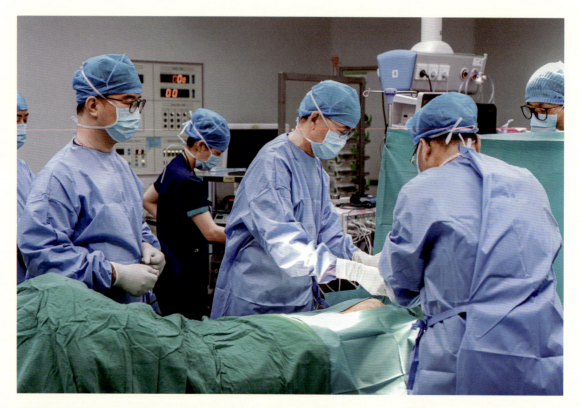

深圳在药械联通、跨境转诊服务等健康湾区方面的创新，造福深港澳跨境患者。图为通过"港澳药械通"政策进口的首个医疗器械"磁力可控延长钛棒"的植入手术在香港大学深圳医院进行。

符合资格、年满70周岁的香港长者可以使用医疗券支付香港大学深圳医院指定门诊的服务费用。
图为香港长者跨境医疗服务专题研讨会。

中英文版的《香港大学深圳医院简介》。

"港澳药械通"磁力可控延长钛棒的报关单

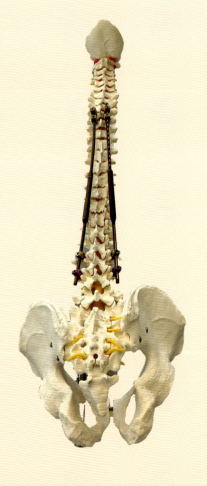

"港澳药械通"引进的首个医疗器械
—— 磁力可控延长钛棒

> **申请到人才房，意味着我创业获得认可**
>
> 2022年前海放宽条件后，只有香港副学士学位的我，也获得了人才房申请资格。
> 顺利申请到人才房，意味着我在前海创业获得认可，比申请人才房这件事更重要。
>
> ——陈润富　粤港澳大湾区青年创新创业中心副总经理

香港创业青年陈润富在首批"大湾区创业孵化计划"
中孵化的作品"苦狮"。

陈润富根据关山月美术馆馆长陈湘波"禅语四不"系列画作，创作出"小禅虎"系列潮玩。

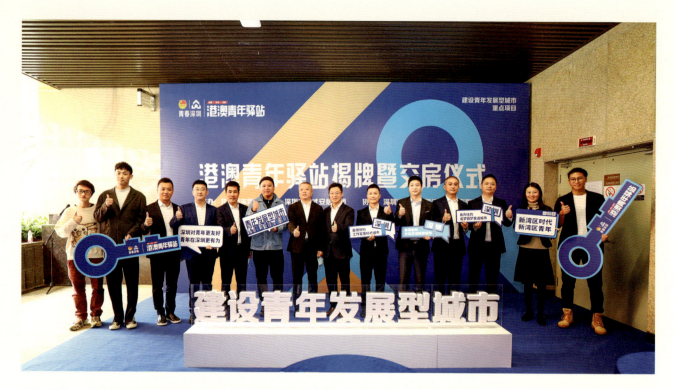

港澳青年来深初期可以申请公益性、过渡性的住宿服务，也可以在港澳青年驿站得到"住宿＋就业帮助＋城市融入"一站式租房服务。持有居住证并符合条件的港澳人才可申请租住人才住房。图为2022年4月，全国首家港澳青年驿站在深圳启用。

跨境理财通

—— 按购买主体可分为 ——

南向通	北向通
大湾区内地居民通过港澳银行开设投资专户，购买港澳地区银行销售的理财产品。	港澳居民通过内地银行开立投资专户，购买内地银行销售的理财产品。

*跨境理财通：指粤港澳大湾区居民个人跨境投资大湾区银行销售的理财产品。

粤港澳大湾区银行开设"跨境理财通"业务，促进大湾区居民个人跨境投资便利化。

2022年，深圳启动"数字人民币深港消费先行示范技术测试"，发挥"硬钱包"毫秒级响应、不依赖网络等优势，为港人来深"医食住行"支付便利奠定技术基础。图为无需网络即可实现支付的数字人民币硬钱包充电桩。

在深圳生活很方便

在深圳有很多香港没有的网络应用，非常方便，出行打车或者坐地铁都可以用软件，还可以用买菜软件提前买食材送到家，节省时间。另外，深圳令我印象深刻的就是公园尤其多，公园里有很多供孩子玩乐的游乐设施和面积足够大的绿地。

——邓卓越 港籍设计师

60周岁以上和14周岁以下的港澳居民，享受与深圳市民同等的公共交通优惠。图为港澳居民在刷港澳台居民身份证件识别装置。

第四部分 <<<
心灵相通
情感交融

　　心系祖国发展，情牵港澳繁荣，更多港澳青年主动扛起爱国爱港爱澳责任担当，建言献策，共建未来。港澳青年自觉肩负起中华文化传承和弘扬的历史责任，带动更多同胞增强文化认同、民族认同和国家认同。这里昨日是他乡，今日变故乡，港澳青年已在深圳找到"家"的感觉，积极投身志愿服务，参加社会公益事业。

一、情系祖国　共话愿景

港澳青年代表智库、社团组织、行业协会等社会力量，积极参与深港澳规则衔接，在科技合作、产业联动、文化交流、法律服务、人才集聚等各重点领域合作中建言献策，为推进深港澳更加紧密务实合作贡献智慧和力量。

文雅靖是中国（深圳）综合开发研究院的港籍研究人员，从事粤港澳大湾区建设研究，为国家、深圳等地的涉港澳和区域发展项目提供研究支撑。图为2022年，文雅靖（右五）参加深港智库焦点对话研讨会。

港澳青年在深圳组建或加入社团组织，积极参与社会政治事务、建言献策，充分发挥独特优势作用，推动两地交流合作。香港青年李培娅积极参加政协会议、深港科技社团深度合作会议等建言献策，图为李培娅在政协会议上发言。

> ## 为香港更好融入国家发展大局发挥作用
>
> 　　我们作为智库研究人员，能通过自己的研究，参与并推动深港合作、粤港澳大湾区建设，为香港更好融入国家发展大局发挥作用，既感到与有荣焉，也感到沉甸甸的责任。
>
> —— 陈少波 港深智库联盟成员单位董事长

> ## 积极加入到深港交流合作事务
>
> 我从小就接触深圳、香港，发现两地其实有很多共通点，对深港融合发展有很大的期待，我希望运用自己的知识，积极加入到深港交流合作事务中去。
>
> ——曾梓浩 香港深圳青年总会创会副主席

香港青年曾梓浩积极搭建深港澳青年交流合作平台，协助支持盐田、龙岗、坪山成立香港青年总会等社团，帮助港澳青年到深圳升学、就业、创业、生活。图为 2021 年，曾梓浩（前排右二）参加"思源之旅"活动。

港澳青年作为行业协会代表，积极畅通港澳群体与职能部门的交流，精准及时反馈他们的"急难愁盼"问题与建议。

香港青年王凯（左一）和青年创业者交流，他参与创办的粤港澳大湾区青年创新创业中心被授予"深圳青年五四奖章集体"。

深圳市龙岗区青年企业家协会常务副会长曾义为香港创业青年讲解创业扶持政策，他创办的 708090 创客汇被评为"十大深港交流合作创业空间"。

二、同根同源　血脉相连

　　深港澳地缘相近、人缘相亲，同根同源的文化血脉是深港澳建设人文湾区的重要基础。港澳青年在参加各类文化交流、传承活动中，正确的历史观、民族观、国家观、文化观逐渐树立，中华民族的归属感、认同感、尊严感、荣誉感日益增强。

1	3
2	4

岭南文化是深港澳的共同底色，港澳青年积极参与策划文化交流活动，弘扬以龙舟、粤剧、醒狮、武术等为代表的岭南文化。

香港青年于蓉（左二）组织蛇口居深港人队伍参加龙舟比赛。

叶问第三代弟子、香港青年梁书荣（中）把实用咏春拳公益课开进了深圳校园。

"粤来粤有戏"2022年首届湾区粤剧节在深圳举办。

香港青年林冠昌（后排右七）带领桥头醒狮团参加美高梅狮王争霸——澳门国际邀请赛。

> **协助港企港青加入两地文化交流**
>
> 我希望结合湾区以及深港两地在地理、文化、语言等优势，将更多文旅项目、公益性项目落地深圳，同时协助更多港企港青加入到两地文化交流中来。
>
> ——于蓉 蛇口居深港人联谊会执行会长

> **深港舞狮文化的推动者**
>
> 作为一个舞狮文化的推动者，我负责香港和深圳之间舞狮文化和运动的推广，看到醒狮运动受到大家的欢迎，我觉得特别高兴，特别自豪。
>
> ——林冠昌 桥头醒狮团港籍团长

宝安区福海街道桥头醒狮团的文创"迷你小狮头"

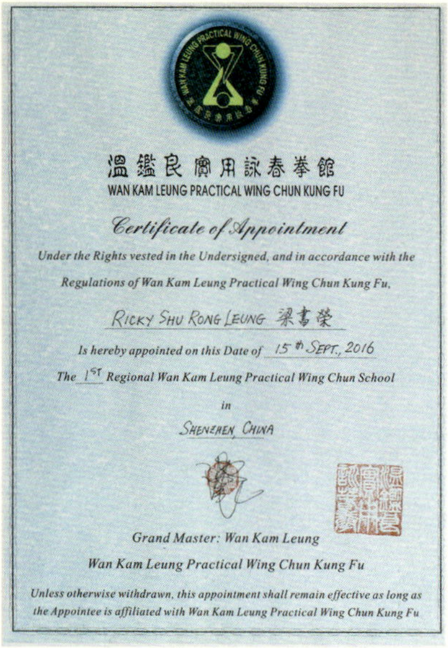

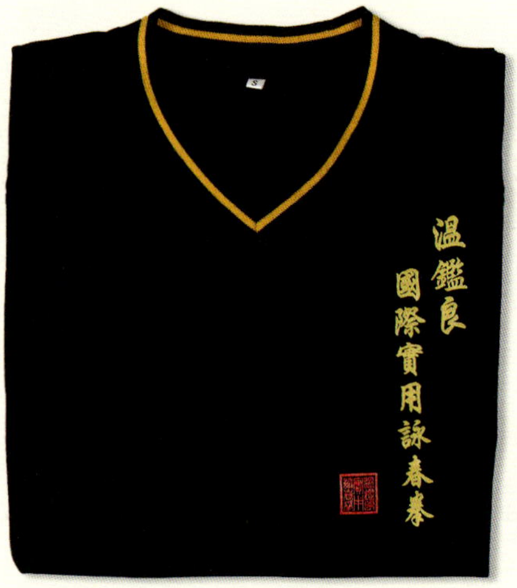

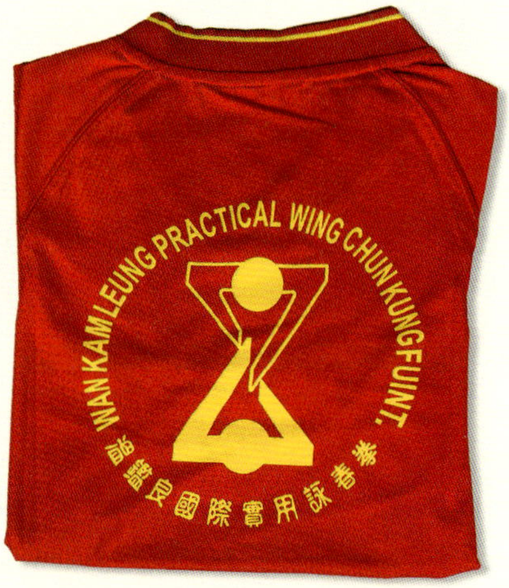

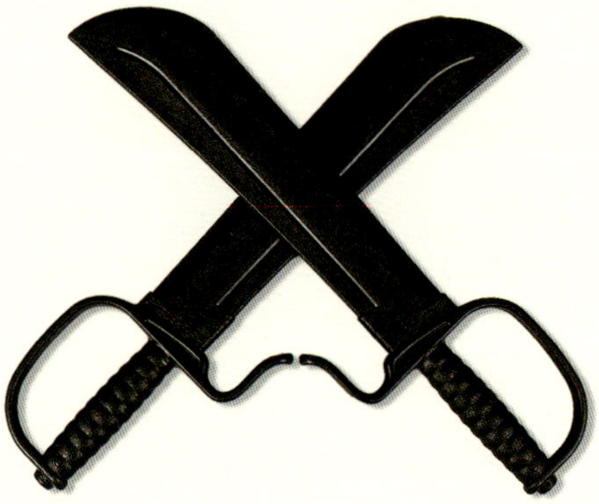

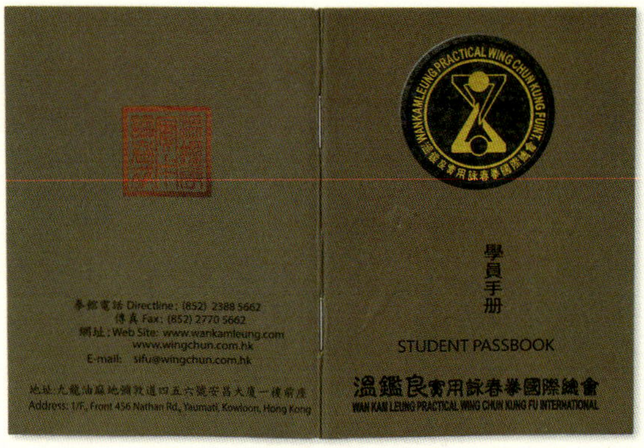

温鉴良国际实用咏春拳香港总会授权给梁书荣在深圳设馆的证书、咏春训练服、训练道具、学员证等。

港澳青年积极参与深圳海洋主题节庆活动和国际大型体育赛事。图为粤港澳大湾区（深圳南山）帆船邀请赛。

深港澳青年共同构建中西结合、多元文化碰撞的"湾区青年艺术生态"和大湾区文化传承、资源共享的新平台。图为2019年，同心耀中华——深港澳台青年文化交流艺术季。

香港青年李柏龄在深圳创立了时代非遗客家文化传习基地，积极推广和宣传客家文化与非物质文化遗产。图为2021年，香港青年参加基地活动。

深圳的港澳社团、企业等经常组织港澳青年参加中华典籍读书会、书法、绘画等传统文化体验活动。图为2021年，港资企业观澜湖集团为新入职的港籍员工举办传统工艺体验活动。

在庆祝香港回归祖国 25 周年活动"他乡与故乡——深港澳青创共谈及阅读分享会"中，港澳青年分享阅读心得以及在内地的生活感受和创业故事。

深港两地艺术家原创歌曲《小河弯弯》

跨境儿童合唱团表演的作品《我和我的祖国》

丁政凯创作的《同心抗疫　深港同行》等乐谱手稿

三、送人玫瑰 手有余香

越来越多的港澳青年自发组建港澳联谊会、义工队，深入深圳各社区小区、交通枢纽等参与志愿服务，这已成为了深港澳青年精神融通、价值联结、回馈城市的一种重要方式。

> ## 港澳志愿者心语墙
>
> 一家人一条心，也想为深圳做些什么。因为我比较高，所以就特别的显眼，也有很多朋友称呼我是志愿者服务中的坐标，我也希望通过自己的微薄之力，充当好这个志愿者坐标。
>
> ——黄奕贤 香港青年
>
> 我把通讯录的居深港人拉进一个微信群，同乡会义工也在里面，可以随时随地知道辖区哪户港人需要什么类型的服务，在短时间内即可随时跟进。
>
> ——李慧敏 香港深圳东门同乡会秘书长

> 每次做志愿者，都会碰到不同的人，当他们和我说"辛苦了，谢谢"，都对我在这边（深圳）花时间做志愿者有很大鼓励，感触很多。
>
> ——张启源 前海香港商会工程建设专委会副主席

> 国家和深圳对我们香港人支持力度很大，我们非常感动，现在我们身处深圳，为了国家、为了社会、为了我们香港人，来出一份力。
>
> ——张国亮 南湾港人联谊会副会长

> 协助上户排查、登记信息、扫码录入人员资料、维持队伍秩序这些都不难，只要需要，我们都能学，都能做。
>
> ——林燕云 南园街道跨境家庭义工队成员

> 从小父母就告诉我助人为快乐之本的道理，在朋友那得到消息后，我毫不犹豫地加入了香港青年抗疫突击队。
>
> ——麦敬皓 深圳香港培侨书院龙华信义学校港籍教师

港澳青年主动参与到社区治理，把港澳的优秀物业管理经验带进小区。这是深圳首支港人志愿者队伍"渔邨社区港逸志愿服务队"。

港澳青年积极参与保障志愿者的权益，创建"志愿益家"等志愿者智慧管理平台，实现由义工参与到多方参与的升级改变。图为志愿者参加"志愿益家"承办的"国际志愿者日"主题活动。

港澳青年志愿者积极加入港澳联谊会、义工队等，提供粤语服务，解决沟通障碍。图为港籍志愿者参加第六届中国国际"互联网+"大学生创新创业大赛的志愿活动。

第 19 届国际植物学大会志愿服务证书。

"与爱同行"壹基金公益健行活动感谢状、"四点半课堂优秀义工"奖状。

《我的中国心》（中国画）▶
2022 年
作者：陈治 赵炳宇

我的中國心

公元一九八四年央視春晚上香港著名歌手張明敏以一首我的中國心唱至了海內外炎黃子孫對祖國的摯愛深情成為一代人最珍貴的記憶。一九九七年香港回歸祖國至今已二十五周年谨以此画作当时盛会诗会壮园

潮涌大湾区，风劲好扬帆。

从狮子山到莲花山，从濠江到深圳河，深港澳三地融合发展愈加深入，"硬联通"更加便捷，"软联通"更加顺畅，"心联通"更加紧密。青年之选择是大湾区发展之底气，深圳正成为港澳青年安居乐业与自我实现的热土。

青年强，则国家强。港澳青年是港澳融入国家发展和保持长期繁荣稳定的重要力量。他们投身粤港澳大湾区建设，会更加增强归属感、获得感、认同感，站得更高，看得更远。筑巢引凤栖，花开蝶自来。随着湾区多地不断为港澳青年创新创业提供更多机遇和更好条件，将引来更多有志者怀揣抱负，在这里放飞梦想，实现理想。

儿童公园

外展墙照片 &
展厅实景照片

宋为弄的艺术创作理念融合了环保、非物质文化遗产等设计元素。这是她根据深圳非遗文化创作的"舞龙""舞麒麟"系列立体照片和前海系列立体明信片。

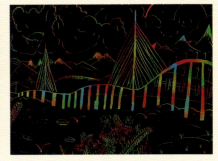

"我向大师学绘画 童筑大湾区"系列活动的学生作品。

鸣 谢

筹备展览过程中，承蒙下列单位和个人的支持，谨致谢忱！

单位（按拼音首字母排序）：

宝安区福海街道桥头醒狮团

宝安区公共文化体育服务中心

德和衡（前海）联营律师事务所

共青团深圳市委员会

观澜湖集团

光祖中学

广东爱虎投资股份有限公司

国家税务总局深圳市前海深港现代服务业合作区税务局

河套深港科技创新合作区

罗湖区发展和改革局

罗湖区妇女儿童活动中心

罗湖区民政局婚姻登记中心

罗湖区南湖街道罗湖社区

罗湖区南湖街道渔邨社区

南方都市报

南山区妇女联合会

南山区招商街道办事处

前海深港青年梦工场

深圳北站港澳青年创新创业中心

深圳供电局有限公司

深圳广电集团《第一现场》栏目

深圳国际量子研究院

深圳机场航空城发展有限公司码头客运中心

深圳商报

深圳涉外涉港澳台家事审判中心

深圳市东部通用航空有限公司

深圳市公安局

深圳市关山月美术馆

深圳市辉灿科技有限公司

深圳市龙华区民治街道北站社区

深圳市罗湖港人子弟学校

深圳市律师协会

深圳市南山区文化广电旅游体育局

深圳市前海深港现代服务业合作区管理局

深圳市人力资源和社会保障局

个人（按姓氏笔画排序）：

深圳特区报

深圳希玛林顺潮眼科医院

深圳香港培侨书院龙华信义学校

深圳中学

舒糖讯息科技（深圳）有限公司

香港城市大学深圳福田研究院

香港大学深圳医院

香港科技大学蓝海湾孵化港

香港科技大学深港协同创新研究院

新华通讯社

粤港澳青年创新创业工场（福田）

粤港澳青年创业中心

中共深圳市光明区委宣传部

中共深圳市委统一战线工作部

中国（深圳）综合开发研究院

中国科学院深圳先进技术研究院

中华人民共和国拱北海关

丁 克　丁政凯　于 蓉　王 凯　文雅靖

方丽华　邓卓越　史家民　庄美欣　刘亚敏

许竞鸿　阮文韬　李金月　李柏龄　李培垭

杨浩瀚　吴晓平　吴嘉怡　吴慧仪　何 龙

汪朝晖　宋为弄　陈 升　陈 治　陈润富

陈蔚风　林嘉剑　欧阳宛儿　欧阳晓瞳

郑思怡　赵炳宇　胡朗云　郭玮强　郭 金

黄科毅　梁书荣　曾 义　樊敬文

图书在版编目（CIP）数据

逐梦湾区：港澳青年在深圳 / 深圳博物馆编. --
北京 ：文物出版社，2024.1
　　ISBN 978-7-5010-8236-0

　　Ⅰ．①逐… Ⅱ．①深… Ⅲ．①青年－就业－深圳－图
录 Ⅳ．①D669.2-64

中国国家版本馆CIP数据核字（2023）第206638号

逐梦湾区——港澳青年在深圳

编　　者：深圳博物馆

责任编辑：张朔婷

责任印制：张　丽

出版发行：文物出版社

社　　址：北京市东城区东直门内北小街 2 号楼

邮　　编：100007

网　　址：http://www.wenwu.com

经　　销：新华书店

印　　刷：雅昌文化（集团）有限公司

开　　本：889mm×1194mm　1/16

印　　张：8.25

版　　次：2024 年 1 月第 1 版

印　　次：2024 年 1 月第 1 次印刷

书　　号：ISBN 978-7-5010-8236-0

定　　价：218.00 元